NATIONAL GEOGRAPHIC

Peldaños

¡ENJAMBRE!

T0061103

ANIMALES QUE FORMAN ENJAMBRE

Todos los veranos en Texas, millones de murciélagos cola de ratón hembra se reúnen en completa oscuridad y cuidan a sus crías. Viven en la reserva de murciélagos Eckert James River y duermen colgados cabeza abajo durante el día. Luego, cuando el sol comienza a ponerse, ¡agáchate! De la cueva sale un flujo masivo, un caudal, de murciélagos que oscurece el cielo.

Estos murciélagos hambrientos se zambullen y revolotean por el cielo, atrapando insectos. Increíblemente, alcanzan velocidades de casi 97 kilómetros (aproximadamente 60 millas) por hora sin chocar entre sí. A medida que vienen más murciélagos, giran como un tornado y forman una nube negra que se puede ver desde lejos.

por Suzanne Sherman

¿Cómo maniobran tan bien los murciélagos? Por un lado, los murciélagos tienen alas flexibles que les permiten girar rápidamente en vuelo. También tienen un sistema especial para ubicar objetos, llamado ecolocación. Los murciélagos emiten sonidos agudos que hacen eco o rebotan cuando éstos chocan contra un objeto. El cerebro de los murciélagos emplea la ecolocación para "ver" en la oscuridad.

Cuando un grupo grande de animales se reúne, los científicos lo llaman **enjambre**. Los murciélagos no son los únicos animales que vuelan en enjambre, algunos insectos también lo hacen. Una bandada de aves que se posa en un árbol es un enjambre, un cardumen de peces que va por el agua a toda velocidad es un enjambre. Sea cual sea el animal, un enjambre puede ser un espectáculo asombroso.

CANGREJOS ROJOS

▲ Un enjambre de cangrejos rojos adultos migra a la costa para reproducirse. Los machos llegan primero, seguidos por las hembras que pronto son mayoría.

Una carpeta roja que ondea y se arrastra parece cubrir por los prados y los parques. Chasqueando sus tenazas, los enjambres de cangrejos rasguñan los caminos. Más de cincuenta millones de cangrejos viven en la isla Christmas en Australia.

Durante la estación húmeda, los enjambres de cangrejos rojos **migran** de los bosques de la isla a la costa del océano, donde se reproducen.

Cuando los animales migran, viajan de una región a otra conforme cambian las estaciones. Cada año, los cangrejos que migran pasan por los mismos acantilados y caminos.

Los machos excavan agujeros en la costa. Después de aparearse, vuelven a los bosques. Las hembras permanecen en el agujero y luego liberan sus huevos en el océano.

PINGÜINOS

Enfrentándose a vientos helados, los pingüinos emperador marchan por millas. Como muchos animales, forman enjambres enormes cuando están listos para reproducirse.

Todos los años, los pingüinos emperador salen del mar y se dirigen a sus zonas de reproducción en la Antártica. Hay pocos depredadores en esta tierra fría y árida. Aquí, los pingüinos forman parejas para aparearse. Las hembras ponen un huevo cada una y luego viajan de vuelta al océano para alimentarse. Los machos se quedan, acurrucados para abrigarse, y protegen los huevos. No tienen nada para comer en ese momento.

Después de aproximadamente dos meses, los huevos eclosionan. Las hembras regresan a alimentar y cuidar a los polluelos mientras que los hambrientos machos regresan al océano a alimentarse. Cuando los polluelos son suficientemente grandes para nadar, todos los pingüinos regresan al mar, donde luchan juntos contra los elementos.

Los pingüinos adultos forman un enjambre alrededor de sus polluelos para protegerlos del frío. Los pingüinos se turnan para quedarse al aire libre.

Tan pronto como entran en el agua, los huevos eclosionan y salen pequeñas larvas. Después de varias etapas, las larvas se convierten en cangrejos jóvenes. Luego regresan a la costa y viajan de vuelta al bosque.

> Densas bandadas de estorninos forman patrones complejos para evadir a los depredadores.

ESTORNINOS

Bandadas de hasta un millón de estorninos forman nubes gigantes que cambian de forma como el humo negro. Estas enormes bandadas forman un enjambre para buscar alimento y permanecer a salvo.

Volar en enjambre brinda la "seguridad del grupo" a los estorninos. En un enjambre, hay muchos ojos para divisar alimento y depredadores. Un estornino que ve un depredador cambia de dirección, lo que hace que las aves más cercanas lo sigan y que las más cercanas a esas hagan lo mismo. Estos movimientos coordinados ayudan a la bandada a hacer giros cerrados muy rápidamente.

∧ Una rama de árbol proporciona un lugar apto para que un enjambre de abejas descanse. La reina emite una sustancia química que las demás pueden oler. Eso mantiene unido al grupo mientras que las abejas exploradoras buscan un nuevo lugar para hacer la colmena.

Un enjambre de abejas puede parecer intimidante (un enjambre puede incluir hasta 30,000 abejas que vuelan juntas). Sin embargo, las abejas no son peligrosas cuando forman enjambres. Generalmente, solo pican alrededor de su colmena, para proteger sus crías y sus alimentos. Cuando forman un enjambre, no tienen crías o alimentos para proteger.

ABEJAS

Formar enjambres es un instinto para las abejas: no necesitan aprender a hacerlo. Cuando una colmena está superpoblada, muchas obreras, algunos zánganos y una reina se van volando a formar una colonia nueva. Una vez que las abejas exploradoras encuentran un lugar para hacer la colmena, las obreras comienzan a construir panales y la reina comienza a poner huevos.

Ya sea para encontrar alimento, para reproducirse, por protección o para encontrar un hogar nuevo, muchos animales forman enjambres. Para estos animales, la supervivencia significa mantenerse unidos.

Compruébalo ¿Cómo ayuda la formación de enjambres a que los animales sobrevivan? Piensa en algunos ejemplos específicos.

¡Cigarra manía!

por Suzanne Sherman

Imagina un millón de insectos con enormes alas que te miran con ojos que parecen cuentas. Estos insectos se ocultan bajo tierra la mayor parte del año, y solo salen en el verano. Con frecuencia emergen en grandes números, trepando árboles y llenando el aire con un zumbido estruendoso. Son las cigarras y viven de la savia, alimento que los árboles producen con la energía del sol.

Más de 3,000 especies de cigarras emergen de la tierra. Ciertas especies de cigarras se denominan anuales porque salen todos los años. Viven aproximadamente dos años o más y emergen durante un verano entero. Algunas cigarras anuales son oscuras con marcas verdosas. Las cigarras pueden parecer intimidantes, pero son inofensivas para los seres humanos.

Ciertas cigarras, llamadas cigarras periódicas, tienen ojos rojos brillantes. Viven bajo tierra en los Estados Unidos, al este de las Grandes Llanuras. Las cigarras periódicas suben a la superficie todas juntas, cada 13 o 17 años, y forman **enjambres** enormes. ¡Hasta 40,000 cigarras pueden emerger de debajo de un solo árbol!

Cuando emergen, su trabajo es aparearse. El macho muere después de aparearse, y la hembra solo vive hasta que pone los huevos. Después de irse, las corazas vacías, o exoesqueletos, de las cigarras quedan colgando de los árboles o cubren las aceras.

Observa los ojos rojos que parecen cuentas y las alas que parecen encaje de estas cigarras periódicas.

Crecer bajo tierra

Una cigarra periódica vive la mayor parte de su vida bajo tierra. A medida que crece, pasa por una **metamorfosis incompleta.** La ninfa que sale del cascarón se parece a sus padres, pero es más pequeña. A medida que la ninfa crece, **muda,** o cambia el exoesqueleto, varias veces.

La cigarra adulta abandona su exoesqueleto que cuelga de un árbol y se va volando.

En la superficie, la ninfa muda por última vez y emerge como adulto. Su cuerpo blando y pálido se endurecerá y oscurecerá en una hora.

En la primavera de su decimotercero o decimoséptimo año, la ninfa construye un túnel hacia la superficie. Los túneles parecen pequeños agujeros en el suelo.

Después de aparearse, las hembras ponen sus huevos en ramitas. Una cigarra hembra tiene un abdomen puntiagudo con una estructura afilada llamada ovipositor. La hembra usa el ovipositor para perforar la madera y depositar sus huevos.

Pueden poner varias docenas de huevos en una grieta de una rama. Cada hembra puede poner hasta 400 huevos en total. Los huevos eclosionan luego de seis a diez semanas.

Después de salir del huevo, la **ninfa,** que tiene el tamaño de una hormiga, cae al suelo. Allí hará una madriguera en el suelo.

Bajo tierra, la ninfa se alimenta de los líquidos de las raíces de las plantas. Las raíces contienen energía que el árbol ha convertido a partir de la luz solar. La ninfa muda varias veces a medida que crece.

11

¿Por qué tanto alboroto?

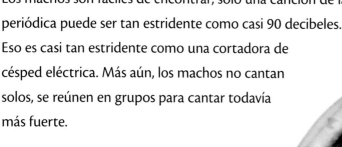

Zumbidos y chasquidos comienzan a llenar el aire, a veces tan estridentes como un avión a chorro. Las cigarras son famosas por su estridente y monótono llamado de apareamiento. Algunos llamados se pueden oír desde media milla de distancia.

Este alboroto es esencial para la supervivencia de la cigarra. Antes de que las hembras puedan poner huevos, deben encontrar pareja. Las hembras silenciosas encuentran parejas gracias a las canciones de los machos. Cada especie tiene su propia canción, y diferentes especies cantan en diferentes momentos del día.

Los machos son fáciles de encontrar; solo una canción de la cigarra periódica puede ser tan estridente como casi 90 decibeles. Eso es casi tan estridente como una cortadora de césped eléctrica. Más aún, los machos no cantan solos, se reúnen en grupos para cantar todavía más fuerte.

Las canciones de las cigarras suenan bastante parecido a las máquinas eléctricas; de hecho, las cigarras suelen sentirse atraídas por herramientas como las cortadoras de césped y las podadoras de árboles. Las hembras confunden estas máquinas con el canto de los machos, y los machos las confunden con un grupo de otros machos con los que pueden cantar.

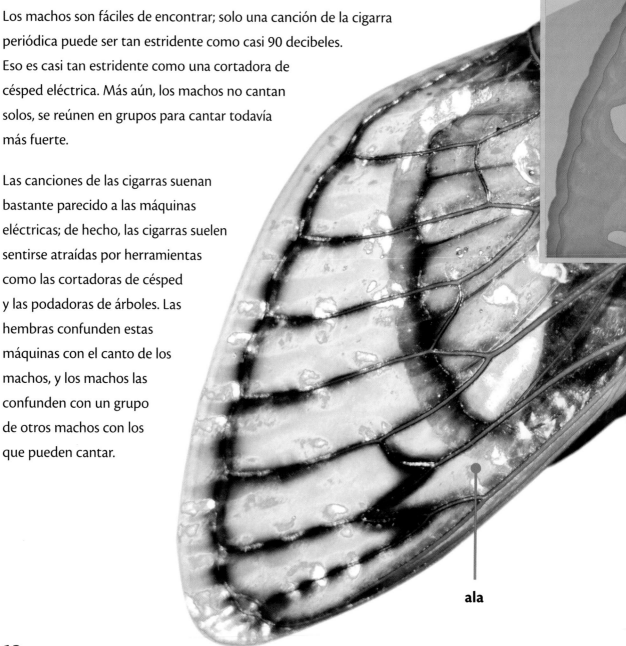

ala

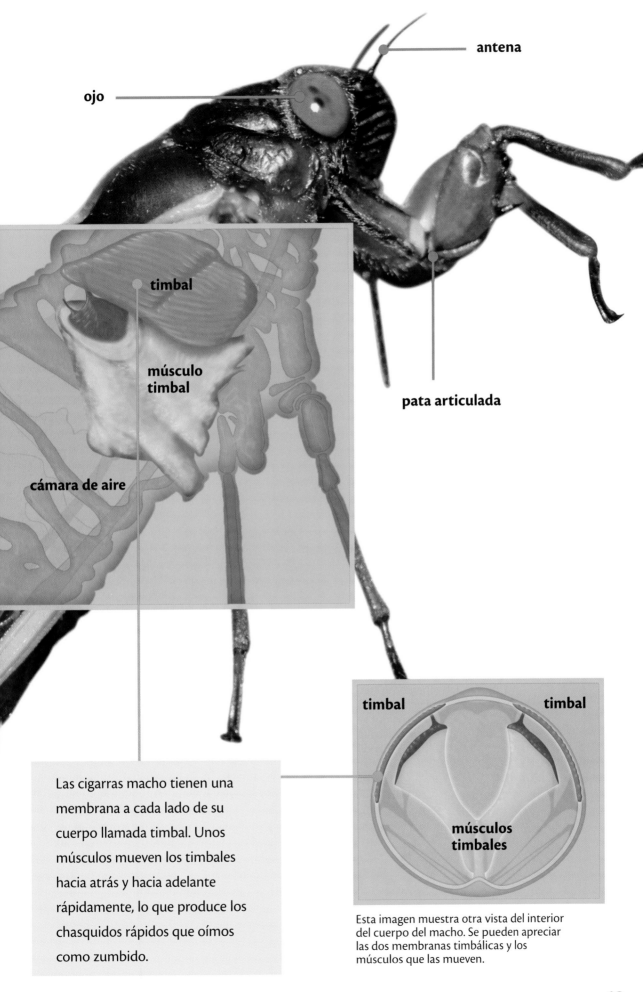

antena

ojo

timbal

músculo
timbal

cámara de aire

pata articulada

timbal   timbal

músculos
timbales

Las cigarras macho tienen una membrana a cada lado de su cuerpo llamada timbal. Unos músculos mueven los timbales hacia atrás y hacia adelante rápidamente, lo que produce los chasquidos rápidos que oímos como zumbido.

Esta imagen muestra otra vista del interior del cuerpo del macho. Se pueden apreciar las dos membranas timbálicas y los músculos que las mueven.

Mucho para comer

Las cigarras son presas perfectas: ¡no luchan, son muy nutritivas y saben muy bien! También tienen poca grasa y abundante proteína. Muchos animales, como las aves, las ardillas y las tortugas, comen cigarras; incluso las personas se las comen. En Internet, puedes encontrar recetas de pizza de cigarra, tacos de cigarra y galletas de cigarra. La mayoría de las recetas dicen que se las debe recolectar justo después de la muda final, antes de que el exoesqueleto del adulto se haya endurecido.

Las cigarras periódicas tienen una estrategia de supervivencia: ¡los depredadores quedan satisfechos! Emergen tantas cigarras, que sus depredadores se llenan rápido, y miles de millones de cigarras sobreviven. Esta estrategia no funciona tan bien para las cigarras que son comidas, pero funciona espléndidamente para las que quedan.

Lo más importante es que la estrategia funciona para la supervivencia de la especie. Emerger en enjambres enormes ayuda a que las cigarras periódicas que quedan se puedan reproducir, y las generaciones futuras puedan perdurar.

Un abejaruco australiano se da un festín con una cigarra en el Territorio del Norte, Australia. En todo el mundo se pueden encontrar muchas especies de cigarras.

Compruébalo ¿Por qué las cigarras forman enjambres?

LA MARCHA DE LAS

por Barbara Keeler

Unos diez mil millones de millones de hormigas se arrastran dentro y fuera de la tierra. Juntas, pesan aproximadamente lo mismo que el peso combinado de todos los seres humanos. En los pastizales, los bosques, los desiertos y los humedales, las hormigas arrasan con los invertebrados muertos y depredan a los vivos. Hasta ahora, los científicos han identificado 12,000 especies de hormigas.

Una especie de hormiga guerrera, *Eciton burchellii,* su nombre científico, vive en Centro y Sudamérica. Estas hormigas viven en colonias enormes de 300,000 o más hormigas, y su método de caza es feroz: cazan en **enjambre.**

Las hormigas guerreras están entre los cazadores más feroces del mundo. Usan sus fuertes mandíbulas que parecen tijeras para desgarrar, triturar y morder. Las hormigas guerreras no pueden tragar alimentos sólidos.

Aunque son ciegas, un enjambre de hormigas guerreras puede vencer fácilmente a su presa. Con sus mandíbulas afiladas, pueden cortar en tajadas presas mucho más grandes, como los escorpiones y las tarántulas. Los animales que no son presas, como las lagartijas, mueren si están en su camino.

Cada tipo de obrera tiene diferentes mandíbulas. Las hormigas guardianas usan mandíbulas gigantes para proteger a las hormigas más pequeñas. Las hormigas soldados usan mandíbulas medianas para capturar a la presa y cortarla en pedazos que puedan cargar.

HORMIGAS GUERRERAS

Se pueden encontrar *Eciton burchellii* en muchos países desde México hasta el centro de Sudamérica.

DE CACERÍA

Cientos de miles de hormigas guerreras dejan el nido en busca de su presa. Se despliegan en un enjambre denso de hasta 14 metros (aproximadamente 15 yardas) de ancho. ¡Eso sería como si toda una ciudad —la población entera— saliera a cazar junta!

LA VIDA DE UNA HORMIGA GUERRERA

La mayoría de las hormigas tienen una casa permanente. Las hormigas guerreras, sin embargo, permanecen en un lugar solo cuando no están cazando. Durante ese momento, la reina pone huevos. Después de unas tres semanas, los huevos eclosionan. Las nuevas **larvas** deben alimentarse, así que las hormigas salen a cazar. Cuando las larvas se convierten en **crisálidas,** las hormigas se quedan en su sitio de nuevo, y la reina pone más huevos. Cuando las crisálidas se convierten en adultos, la colonia se muda una vez más.

Cuando las hormigas guerreras no están en movimiento, forman nidos sobre la tierra. Usan materiales poco comunes: ¡sus cuerpos! En un lugar protegido, las obreras unen sus patas y sus cuerpos con garras fuertes en los pies. Forman una masa esférica sólida de aproximadamente un metro de diámetro. El nido hasta tiene túneles y paredes.

La hormiga grande es una reina. La reina puede poner más de 100,000 huevos. Las obreras cuidan a la reina.

Un huevo eclosiona y sale una larva blanca. La etapa larvaria dura unos 15 días.

Los adultos pueden ser reinas, machos u obreras. En la foto se muestra una obrera. Solo las reinas y los machos se pueden reproducir.

Una crisálida cambia de larva a adulto. Otras hormigas llevan la crisálida.

Las larvas y las crisálidas no se parecen en nada a los adultos. Las hormigas sufren una **metamorfosis completa,** lo que significa que cuando nacen son muy diferentes de los adultos. Las hormigas tienen cuatro etapas de vida. Una larva sale del huevo.

La larva más tarde se convierte en una crisálida. En la etapa de crisálida, el cuerpo del insecto cambia hasta que emerge un adulto. El adulto es una reina, un macho o una obrera. Cada uno tiene un rol diferente en la colonia.

UNA GUADERÍA POCO COMÚN
La reina de la colonia y miles de huevos, larvas y crisálidas están más seguros cerca del centro de este nido poco común.

TRABAJO QUE HACER

Así como cada trabajador tiene diferentes trabajos en tu escuela, diferentes tipos de hormigas realizan tareas especializadas para la colonia. El único trabajo del macho es aparearse con la reina, y el único trabajo de la reina es poner huevos. La especie de hormiga guerrera *Eciton burchellii* también tiene diferentes tipos de obreras: mayores, submayores y menores.

UN PUENTE VIVO
Cuando las hormigas guerreras se encuentran con una brecha en su camino, esto no las detiene. Las obreras unen su cuerpo para formar un puente.

Una colonia tiene una sola reina cuyo trabajo es poner huevos. Su cuerpo se expande y se vuelve blanco durante la reproducción.

El trabajo del macho, que tiene alas, es aparearse. En esta fotografía, dos obreras dan un paseo sobre un macho.

Las mayores, u hormigas guardianas, son las más grandes de las hormigas obreras. Con sus mandíbulas gigantes protegen a las otras hormigas de los depredadores.

Las submayores, o soldados, son un poco más pequeñas que las hormigas guardianas. Su trabajo es capturar a las presas y llevarlas a la colonia.

Las obreras menores son las más pequeñas de las hormigas. Ayudan a llevar los alimentos y a veces se acuestan y con su cuerpo forman un camino para las otras obreras.

...roces hormigas guerreras pueden ...dañinas para los ecosistemas. Sin ...o, son una parte importante de la ...alimenticia. Limpian comiéndose los ...s cuerpos muertos, y son el alimento ...as aves y mamíferos. También comen ...s, escorpiones, otras hormigas, ...escarabajos y cucarachas. Algunos de ...sectos son plagas agrícolas, y muchas ...s guerreras ayudan a controlar sus ...nes.

Los enjambres de hormigas guerreras ayudan a muchos otros depredadores a encontrar su alimento. Los animales pequeños que se interponen en el camino de un enjambre de hormigas guerreras están muy ocupados tratando de escapar y no ven a sus depredadores. Los depredadores detectan fácilmente a su presa, que salta, vuela o se aparta atropelladamente del camino del enjambre. De hecho, los monos y las aves a veces siguen a una colonia migratoria de

HORMIGAS GUERRERAS
ASOMBROSAS

 En la Tierra viven más de 200 especies de hormigas guerreras.

 Una hormiga guerrera puede cargar aproximadamente 20 veces su peso.

 Una hormiga guerrera reina solo necesita aparearse una vez. A lo largo de su vida, puede poner hasta 120,000 huevos de ese apareamiento.

 En el este de África, se han usado hormigas guerreras para sanar heridas. Las hormigas mantienen la herida cerrada con sus enormes mandíbulas.

 Las hormigas guerreras crean sus propios vertederos de basura. Apilan todos los trocitos duros de sus presas que no pueden comer, como las patas de los insectos.

 Algunos animales tienen maneras de evitar un ataque durante los enjambres de hormigas guerreras. Al quedarse muy quietos, los insectos palo se aprovechan de la ceguera de las hormigas y ellas no los detectan.

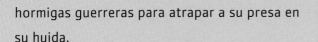

hormigas guerreras para atrapar a su presa en su huida.

Todas las hormigas forman enjambres para encontrar alimento, reproducirse y protegerse. Las hormigas guerreras también forman enjambres para cazar y matar. Un enjambre de hormigas guerreras es casi como un depredador gigante.

PEQUEÑAS HORMIGAS: UN GRAN TRABAJO

Las hormigas guerreras tienen un rol importante como depredadoras en un ecosistema. Este grillo es una presa fácil para un enjambre de hormigas guerreras.

Compruébalo   ¿Cuáles son algunas maneras en las que las hormigas guerreras benefician al ecosistema?

23

GÉNERO Artículo científico

Lee para descubrir cómo las langostas del desierto forman enjambres para encontrar alimento.

¡Las langostas nos invaden!

por Barbara Keeler

A lo largo de la historia, los **enjambres** de langostas han aterrorizado a los seres humanos, y con buena razón. Cuando estas criaturas pequeñas se unen en un enjambre, pueden devastar los cultivos. En algunas partes del mundo, los enjambres de langostas en la actualidad todavía dañan los cultivos. Cada langosta puede comer su peso en plantas en un día. Un enjambre de langostas puede comer 192 millones de kilogramos (423 millones de libras) de plantas por día, y las langostas comen casi cualquier tipo de cultivo.

Las langostas del desierto se pueden encontrar en África, el Medio Oriente y Asia. En África, causan daños a los cultivos que pueden llevar a hambrunas y a la muerte por inanición. En la actualidad, pueden afectar el bienestar de una décima parte de los seres humanos del mundo.

Como otras especies de saltamontes, las langostas del desierto a veces son solitarias. A diferencia de otros saltamontes, las langostas a veces forman enormes enjambres. Un solo enjambre de langostas del desierto puede incluir hasta 80 millones de insectos por kilómetro cuadrado y ocupar 1,191 kilómetros cuadrados (460 millas cuadradas). ¡Eso suma miles de millones de langostas! Estos enjambres hambrientos pueden **migrar** a través de países enteros.

Las langostas del desierto

Como todos los insectos, las langostas no tienen pulmones. En cambio, tienen una serie de aberturas ubicadas a los costados. Las langostas absorben oxígeno y emiten dióxido de carbono a través de las aberturas.

Una langosta tiene un par de membranas en el abdomen cerca de la base de sus patas. Estas membranas detectan vibraciones, lo que permite a la langosta "oír".

Las antenas de la langosta la ayudan a reconocer cosas por el tacto o el olfato.

Una langosta tiene ojos compuestos con muchas lentes. Puede detectar el movimiento con un amplio campo de visión.

La langosta tiene dos pares de mandíbulas. Un par corta los alimentos vegetales y el otro la ayuda a sujetar el alimento.

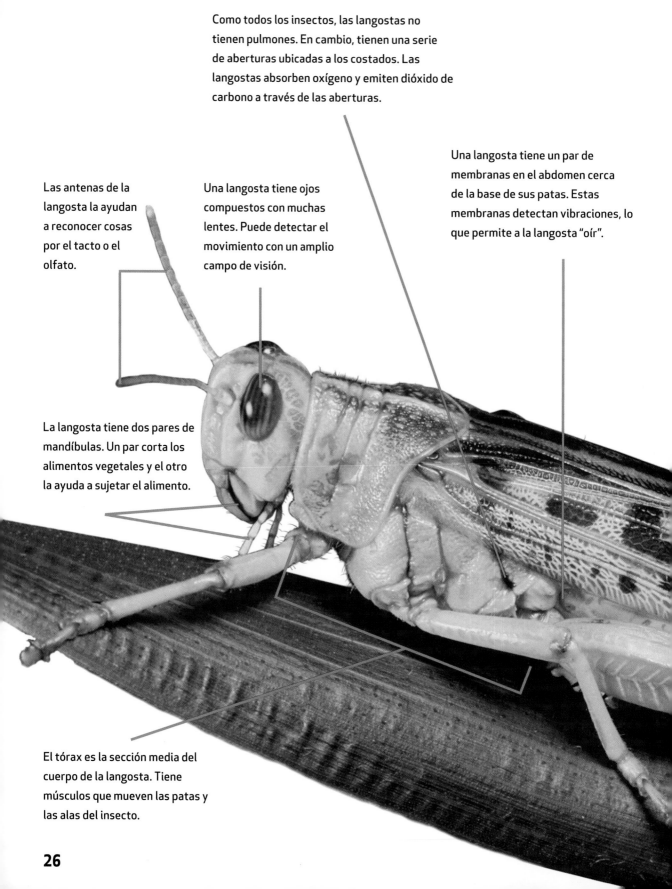

El tórax es la sección media del cuerpo de la langosta. Tiene músculos que mueven las patas y las alas del insecto.

El ciclo de vida de la langosta tiene tres etapas: huevo, **ninfa** y adulto. La langosta sufre una **metamorfosis incompleta,** lo que significa que las ninfas o saltamontes se parecen a los adultos. Las ninfas son más pequeñas que los adultos y no se pueden reproducir, pero las otras características de su cuerpo son similares.

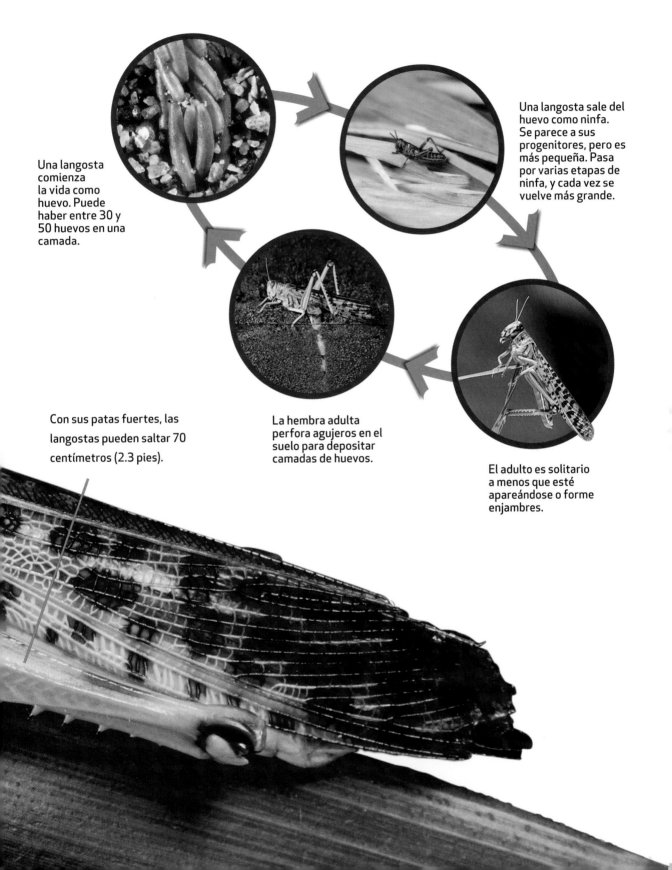

Una langosta comienza la vida como huevo. Puede haber entre 30 y 50 huevos en una camada.

Una langosta sale del huevo como ninfa. Se parece a sus progenitores, pero es más pequeña. Pasa por varias etapas de ninfa, y cada vez se vuelve más grande.

Con sus patas fuertes, las langostas pueden saltar 70 centímetros (2.3 pies).

La hembra adulta perfora agujeros en el suelo para depositar camadas de huevos.

El adulto es solitario a menos que esté apareándose o forme enjambres.

Agruparse

¿Qué hace que una langosta tranquila con un apetito modesto se convierta en a una plaga que forma enjambres? Las langostas son consumidoras en la cadena alimenticia: comen plantas. Las plantas, a su vez, son productoras. Han usado la energía del sol para producir su propio alimento. Mientras haya abundantes plantas para comer, las langostas viven una vida solitaria.

Sin embargo, cuando la tierra se seca y el alimento es difícil de conseguir, las langostas se agrupan. Se amontonan en áreas donde aún crecen las plantas, y chocan sus patas traseras. Los pelos sensibles de las patas sienten el tacto y causan cambios en el cuerpo y comportamiento de las langostas. Su color cambia a negro y amarillo o anaranjado.

Su nivel de serotonina, una sustancia química que influye en su comportamiento, aumenta. Esto hace que las langostas se vuelvan irritables y desarrollen un enorme apetito. Emiten señales químicas que hacen que formen enjambres.

Miles de millones de langostas hambrientas arrasan a través del cielo y mascan ruidosamente a través de la tierra. Devoran cultivos y dejan grandes parcelas de terreno devastado detrás de ellas. Incluso asaltan las casas de las personas y consumen sus alimentos y su ropa.

Los enjambres también pueden cubrir grandes distancias. Un enjambre avanzó desde el norte de África hasta Gran Bretaña en 1954. En 1988, otro enjambre voló desde el oeste de África hasta el Caribe.

El área verde del mapa muestra dónde viven las langostas del desierto cuando no forman enjambres. El área amarilla muestra qué tan lejos se pueden esparcir los enjambres.

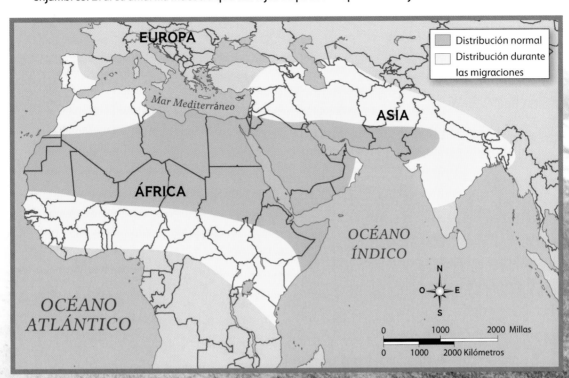

Una banda oscura de langostas se esparce por la tierra y come todo a su paso.

La langosta de las montañas Rocosas

El enjambre giraba como un tornado de 2,896 kilómetros (1,799 millas) de largo. En 1875, millones de millones de langostas se extendían hacia el norte a través de Dakota del Norte y hacia el oeste hasta las montañas Rocosas, y destruían todo a su paso.

Un testigo dijo: "Las langostas bajaron del cielo como el granizo. Las personas asustadas corrían a sus casas y las garras de las langostas escarbaban en su piel y se colgaban de su ropa".

Las langostas de las montañas Rocosas devastaron partes de Norteamérica por cientos de años, pero ahora Norteamérica está libre de langostas. Las langostas simplemente se esfumaron. El científico Jeff Lockwood investigó por qué desaparecieron las langostas de las montañas Rocosas.

Primero, Lockwood estudió los cuerpos de las langostas atrapados en el hielo glacial. Por siglos, los vientos barrían las langostas hacia las montañas, donde morían congeladas. A partir del estudio de sus cuerpos, Lockwood pudo descubrir que las langostas no fueron disminuyendo en un período largo. "De hecho, lo que apreciamos es una desaparición muy súbita, de la nada", dijo.

⌃ Enormes pilas de langostas de las montañas Rocosas debían retirarse a paladas de las vías del tren. Sus cuerpos aplastados hacían que las vías fueran demasiado resbaladizas para que corrieran los trenes.

El científico Jeff Lockwood busca restos de langostas de las montañas Rocosas congelados en un glaciar.

Lockwood encontró un espécimen. Esta langosta del pasado, que es más pequeña que la tapa de un bolígrafo, puede enseñarnos cosas sobre las langostas de la actualidad.

Luego Lockwood aprendió que las langostas se reunían en los valles de los ríos de las montañas Rocosas para poner sus huevos. En el siglo XIX, las industrias del oro y la plata florecieron en estos mismos valles. El área de anidación de las langostas se superpobló.

"Los asesinos de la langosta de las montañas Rocosas resultamos ser nosotros", dijo Lockwood. Los granjeros viajaban en tropel a los valles de los ríos para alimentar a los mineros. Cuando araban los campos, destruían los huevos que había puesto el gran enjambre. Como los huevos no se convertían en langostas adultas, la especie quedó completamente destruida. Aunque la extinción de esta especie fue un accidente, esta lección podría ayudar a las personas de países donde las langostas todavía forman enjambres a encontrar maneras de exterminarlas.

Como las langostas, ciertos animales que forman enjambres vuelan. Otros marchan, otros se arrastran y otros nadan. Forman enjambres para alimentarse, para reproducirse o para encontrar nuevos hogares. Algunos enjambres pueden dañar a los seres humanos, ayudar a los seres humanos o no afectarlos en absoluto. Todos los enjambres ayudan a su especie a sobrevivir.

Compruébalo ¿Cómo se extinguieron las langostas de las montañas Rocosas?

Comenta

1. Habla sobre algunas de las maneras en las que crees que están relacionadas las cuatro lecturas de este libro.

2. ¿Cuáles son algunas de las diferentes maneras en las que formar enjambres beneficia a los animales?

3. Compara y contrasta el ciclo de vida de una cigarra con el ciclo de vida de una hormiga guerrera.

4. ¿Qué hace que las langostas formen enjambres? ¿Qué efecto puede tener esto en los seres humanos?

5. ¿Qué preguntas sigues teniendo sobre los enjambres de animales? ¿Qué puedes hacer para saber más?